Depressão e Suicídio

Barão de Campos

800.000 PESSOAS SUICIDAM-SE POR ANO NO MUNDO

© Barão de Campos
Depressão e suicídio

Dedicatória

A todos os que sofrem…

Índice

Capítulo I
Depressão e tristeza

Fala-se muito de tristeza e depressão, confunde-se muitas vezes do que se trata, podendo fazer perigar a vida da pessoa que sente uma tristeza profunda, uma angústia que lhe retira todos os horizontes e que não lhe permite fazer nenhuma atividade, que lhe seja prazerosa ou a divirta, as coisas que gostava tanto de fazer não a/o atraem mais...Porque se sente tão triste? Aconteceu alguma coisa traumática, está a viver algum drama ou conflito amoroso, perdeu o seu amor ou foi traído(a), está com problemas de natureza sexual e não consegue falar com ninguém, foi vítima de abuso ou bulling, sofreu alguma forma de rejeição, a sua autoestima não é boa ou piorou, não está a conseguir ter sucesso nos estudos, não consegue concentrar-se? Será que está com problemas no seu emprego, perdeu o emprego, está com problemas financeiros graves, perdeu o seu animal de estimação, perdeu um amigo ou familiar, sente-se só, está a isolar-se, não quer ver nem falar com ninguém, deixou de cuidar de si, por vezes, até descura a sua própria aparência e higiene, algumas vezes corta-se, pensa muitas vezes que precisa de libertar-se de tudo isso e sente que o suicídio poderia ser a solução...?

É fácil de entender que neste elencar de situações, muitas pessoas se conseguem enquadrar numa delas. No entanto, ainda não definimos a fronteira indicadora se está muito triste ou se está com depressão leve, moderada ou grave. Há quanto tempo se sente assim? Há muito ou pouco? Alguns psiquiatras e psicólogos, referem períodos de tristeza profunda superiores a 2/3 semanas como indicadores de depressão. Não vamos seguir este caminho de rotulagem fácil para tudo, porque este critério pode ser indicativo, mas não tem que ser assim. A sua tristeza tendo como razão, tudo o que foi enumerado ou outras situações não descritas, pode ser um processo natural. De facto, todos aqueles factos nos deixam profundamente tristes. São dores que, muitas vezes, nos parecem insuportáveis, mas ainda temos forças para superar e continuar o nosso caminho e sentir que a vida vale a pena e a esperança ainda faz parte dos nossos sonhos.

Quando o tempo passa e tudo continua pior, perdemos peso ou engordamos, deixamos de conseguir dormir e descansar, nada nos interessa mais, cada pequeno gesto representa um esforço enorme. Na verdade, por nossa vontade, enquanto ainda conseguimos chorar, ficaríamos sós a chorar e nem sairíamos do quarto. Neste quadro, dizem os médicos, psicólogos e psiquiatras que estamos em depressão moderada ou grave. Confesso-lhe que muitos destes profissionais se não o(a) escutarem e observarem com atenção e humanidade, nomeadamente o médico ou psiquiatra, vai receitar-lhe um cabaz de medicamentos e garantir-lhe que, apenas nas primeiras semanas poderá sentir-se mal ou ainda pior devido aos efeitos secundários dos medicamentos, porque na verdade está com depressão e a mesma deve-se ao facto das trocas químicas no seu cérebro não funcionarem como deveriam. Falam-lhe em sinapses, neurotransmissores, serotonina, melatonina, dopamina e outros nomes que começam agora a fazer parte do seu dia a dia...Fala-lhes dos teus ataques de ansiedade e pânico, receitam-lhe um comprimido para mastigar durante as crises, receitam-lhe benzodiazepinas. Agora, vai tomar, em sentido genérico, antidepressivos, ansiolíticos e outros comprimidos do tipo SOS e, no fim do tratamento, que será longo, o mundo que agora é cinzento escuro, de repente será colorido e tudo é alegria e felicidade. Se, entretanto, não está a fazer psicoterapia ou a ser ajudado(a) de outra forma, nada disso vai acontecer. No fim oficial do tratamento que o seu psiquiatra determinará sem quase falar consigo, você vai sentir-se muito pior do que antes. Depois de tanto tempo com essa medicação, alguns dos medicamentos tornaram-se viciantes, outros, caso seja homem, provocaram-lhe impotência, nas mulheres, falta de desejo, a memória ficou muito afetada, engordou e sente-se fisicamente muito doente. O que falhou? E agora? Claro que neste percurso, perdeu amigos, talvez tenha perdido o seu amor, o seu emprego e ouviu muita gente dizer que a depressão era um luxo, precisava era de trabalhar no duro que ficava tudo resolvido num instante. O tempo não para, ainda liga para aquela linha de apoio psicológico e prevenção do suicídio, por vezes parece sentir-se melhor, mas repara que o atendimento já não é a mesma coisa, despacham-no(a), estão com pressa e não estão atentos, afinal você deixou de ser uma novidade… Agora, nem para essa linha vai voltar a ligar, está mais só do que nunca. O serviço nacional de saúde não lhe proporciona psicólogos e psiquiatras quando você precisa e não há mais dinheiro para pagar a privados. Nesta conjuntura, já lhe apresentaram muitas medicinas alternativas, gurus, religiões onde se vai curar e novos processos como PNL, sessões de reiki, cursos de pensamento positivo, suplementos milagrosos, etc., etc.… tudo sempre a troco de muito dinheiro, começam a dar-lhe umas dicas, mas quando parece que algo de bom está para acontecer, dizem-lhe que agora tem que comprar o tratamento integrado.

Evidentemente que, o que é muito raro, se teve a sorte de neste percurso encontrar gente boa, se o seu psicólogo ou psicóloga se mostrou solidário, compreensivo e preocupado consigo, o mesmo se aplica ao médico ou ao psiquiatra, provavelmente, vai ficar muito melhor e talvez recupere a sua vontade de viver e as pulsões de vida expulsem as pulsões de morte da sua vida. Como vê, não sou assim tão pessimista e radical... Todavia, a minha experiência com psiquiatras e alguns médicos de outras especialidades, foi a pior. Se não tivesse abandonado a medicação já não estava aqui a conversar consigo.

Capítulo II
Se alguém nos entendesse...

Chegámos ao fim, sentimos que nada pode piorar, mas, mais tarde vamos perceber, que tudo pode piorar sempre...Ninguém consegue entender o nosso sofrimento, se temos acesso às redes sociais e entramos em grupos de pessoas que sofrem de depressão, se ainda tivermos capacidade para isso, o que muitas vezes não acontece, talvez encontremos pessoas que nos acolham, sejam compreensivas e solidárias e, se tal acontecer, vamos descobrir que durante tanto tempo e apesar de tanto tratamento, esse momento foi o único em que nos sentimos pessoas e ficamos horas a conversar, sendo que no final, sentimos que foi um dia diferente dos outros; com receio de alimentar falsas esperanças, sentimo-nos melhor... Amanhã voltaremos lá, talvez seja possível conversar com as mesmas pessoas...De repente, um fio de esperança nasce...

No dia seguinte voltamos, encontramos as mesmas pessoas e conhecemos outras, cada uma com o seu testemunho e, perante o anonimato, conseguimos abrir o nosso coração e falar do que sentimos. Aliviamos a alma e sentimos que existe alguém que nos entende...Durante o tempo que estamos no grupo, surgem muitos apelos de pessoas em sofrimento, algumas "gritando" que vão acabar com a vida hoje, porque não suportam mais viver. Ganhamos coragem e vamos tentar falar com estas pessoas, escutá-las, ouvir ou ler as suas lágrimas, ser testemunhas dos seus medos e desgostos e, no final da madrugada, acreditamos que salvámos uma vida, estabelecemos um compromisso com aquelas pessoas, amanhã voltaremos a falar, damos o nosso número de telemóvel ou do aplicativo de videochamada e amanhã falamos.

Vamos tentar descansar, este dia valeu a pena, o fio de esperança parece estar a ficar mais brilhante…

Capítulo III
A caminhada é difícil...

No dia seguinte havia o fio de esperança e o contacto com as pessoas com quem falei e partilhei emoções e sentimentos. Algumas pessoas estavam a viver situações muito parecidas com a minha, algumas, viviam dramas e tragédias que se afiguravam, até para mim, algo muito mais terrível. Gostei de falar com elas, fiquei mais tranquilo(a) e elas também. Criei com algumas pessoas o compromisso de que amanhã falaríamos de novo e garantimos que estaríamos vivos. Esse compromisso com alguém era algo novo, mas o compromisso com a vida era muito mais que novo, inesperado.

O dia chegou e fui ver se encontrava todos os meus contactos. Estavam lá e começámos a conversar, pela primeira vez depois de muito tempo, tive a sensação que não estava só...talvez, fosse possível voltar a ter uma vida. No entanto, o meu cenário da vida real, com o termo vida real, quero dizer a minha vida física, o dia a dia, tudo continuava igual. Se era possível encontrar um caminho, a caminhada ainda era longa e muito difícil, mas, este poderia ser o dia 3 da descoberta de que ainda havia vida para além da depressão.

Comecei a pensar em reduzir gradualmente a medicação e fazer algumas coisas de que gostava, tais como ouvir música ou ver algum filme. Foi isso que fiz e senti-me bem, confesso que até chorei de emoção.

Mais adiante, darei o meu testemunho, por ora, vamos continuar com a abordagem de outras questões genéricas.

Capítulo IV
Ajuda psicológica e psiquiátrica

Ao longo dos anos em que vivi e convivi com a depressão, excetuando os últimos sete anos em que tive a sorte de encontrar uma psicóloga que me ajudou e ajuda verdadeiramente, alguém que me entende e se preocupa comigo. Muito mais do que uma profissional, sinto-a como uma das pessoas mais importantes da minha vida. Quantas vezes a vi chorar comigo…? Muitas…! Dado, que pertence ao Serviço Nacional de Saúde, não pago nada. Na verdade, o apoio psicológico e as consultas de psiquiatria no regime privado são muito caras. Apesar de ser muito difícil ter acesso num período útil aos serviços públicos, muitos dos profissionais do serviço público não se interessam pelos pacientes, preferem atendê-los no consultório privado ou nas clínicas e hospitais privados. Como em tudo na vida, há muita coisa em que a atitude das pessoas faz toda a diferença.

Durante o meu percurso no mundo de uma depressão grave, cuja origem se localizava em factos traumáticos muito graves. No entanto, talvez tudo comece durante a minha gestação, durante o meu desenvolvimento devem ter surgido as primeiras causas ou origens da minha depressão. Com esta afirmação quero dizer o que a ciência já comprovou há muito: há predisposição genética na depressão. Não tem que existir sempre, mas, em muitos casos existe e no meu existe claramente, além de um processo constituído por muitas realidades, vivências e acontecimentos traumáticos que ocorreram na minha infância e adolescência. Na verdade, neste processo de oito anos, a depressão grave foi provocada pela morte da minha companheira de uma vida, outras perdas muito importantes, imaginem, a morte do meu velho cão, a solidão que tomou conta dos meus dias e a morte da minha amada Mãe que teve lugar há menos de três anos. Em todo este tempo, muita coisa aconteceu. Conheci alguém que voltou a dar cor à minha vida e recomecei a escrever, entre muitos outros acontecimentos. Todavia, não irei fazer deste pequeno livro o meu diário, mas tentarei dar o meu testemunho e tecer algumas considerações e opiniões que me parecem muito importantes e, quem sabe, capazes de ajudar alguém.

Capítulo V
A medicação e os efeitos colaterais

Num quadro depressivo moderado ou grave, chega o dia em que percebemos ou nos fazem entender que a nossa depressão tem características neuro-químicas e, tal como qualquer outra doença física, necessitamos de tomar medicação. O facto de ter mencionado anteriormente que a medicação e os efeitos secundários da mesma podem ser devastadores, não significa que entenda que a mesma é absolutamente desnecessária. Antes pelo contrário, tal como noutras doenças, há situações em que se não existir medicação, a pessoa não suporta e a degradação aprofunda-se, podendo terminar em morte provocada pela doença ou em suicídio. O que gostaria de testemunhar e alertar é para o modo e tempo da medicação e para o necessário acompanhamento com os devidos ajustamentos e a necessidade de existir em paralelo, um programa muito sério de apoio psicológico. Passamos por fases em que somos refratários a tudo; não queremos nada nem ninguém, isolamo-nos e não acreditamos que alguém ou algo nos possa ajudar, nomeadamente, medicamentos e psicólogos. Estamos absolutamente sós com os nossos sofrimentos, desgostos, traumas e ninguém nos pode salvar... perdemos as forças para nos salvarmos a nós próprios, por vezes nem sabemos bem se vale a pena tentar; muitas vezes, pensamos em desistir. Na verdade, sentimo-nos profundamente infelizes e a vida deixou de fazer sentido; é tarde demais para Nós...

Há um desequilíbrio bioquímico cerebral, a prostração é grande, a depressão torna-se incapacitante, provoca alterações fisiológicas graves, tais como problemas cardiovasculares, o sistema imunitário torna-se mais frágil, surgem ou podem surgir vários processos inflamatórios. Nos piores momentos, os efeitos psicossomáticos podem ser muito graves ou fatais. Designadamente, os nossos pensamentos e emoções mais deprimentes e que nos causam maior dor, podem determinar o aumento da pressão arterial para níveis altíssimos, podendo provocar um AVC ou ataque cardíaco. O sistema digestivo sofre alterações e o estômago e os intestinos ficam doentes. As colites e gastrites aparecem do nada, deixamos de nos alimentar convenientemente e tudo piora. Sentimos um cansaço extremo, grande fraqueza, deixamos de dormir. A insónia torna-se mais um problema que agrava tudo. Tanto no homem como na mulher, surgem as disfunções sexuais. A enxaqueca que outrora era ocasional, agora é crónica. Tudo o que anteriormente nos dava prazer, perdeu o nosso interesse. As disfunções hormonais, fazem com que se aumente muito o peso ou a falta de apetite e mau estar, fazem-nos emagrecer bastante. Tudo começa a desabar, deixamos de nos cuidar do mesmo modo, a nossa aparência piora e a nossa autoestima que poderia ou não ser boa ou normal, passa a ser péssima. Entrámos na fase do nosso isolamento, a nossa angústia é cada dia maior, a irritabilidade embora ocasional, torna-se insuportável. Entretanto, se temos o nosso emprego, tornamo-nos incapazes de desempenhar as nossas funções, perdemos o emprego. Os amigos ou aqueles que acreditámos um dia que eram nossos amigos, entram em debandada. Muitas vezes, a pessoa que nos ama ou que pensávamos que nos amava, também ela nos abandona. Chegámos ao limite do limite, na verdade, os nossos pensamentos e emoções são demasiado maus e, muitas vezes, neste cenário de tragédia, procuramos o que não conseguimos com os vivos e aceitamos mais do que nunca, nesta impossibilidade cruel de ser feliz, o abraço da morte. O suicídio passa a ser o nosso único projeto de vida.

Admitamos que antes de chegar aqui, tomámos a iniciativa ou alguém nos convenceu a procurar ajuda psiquiátrica e apoio psicológico… Se tal aconteceu, podemos ter evitado tudo o que descrevi. Contudo, se a medicação não for a adequada e o apoio psicológico não existir, vamos desaguar às mesmas águas. Ficamos sedados, incapazes de pensar ou fazer seja o que for, as disfunções sexuais aparecem como consequência da medicação. A dependência química torna-se uma realidade e o círculo de sofrimento volta a ficar fechado e a solução em que pensamos é a mesma. Quando estamos no início do tratamento, a bula dos medicamentos e os próprios médicos, perante as nossas queixas, afirmam-nos e garantem-nos que a medicação demora a atuar, temos que ser pacientes, todos aqueles efeitos secundários graves que a medicação provoca, ao fim de um tempo desaparecem e começamos a sentir-nos melhor. Muitas vezes, tal situação é de facto assim, mas durante esse período se não tivermos suporte familiar, amizade, amor e apoio psicológico, como vamos resistir? Sentimo-nos pior do que nunca, ponderamos, se nesta altura conseguimos ponderar nalguma coisa, sentimos que temos que desistir do tratamento e muitas vezes acabamos por interromper e até mesmo desistir. A alternativa, se existir acompanhamento sério do psiquiatra, consiste em tentar outros fármacos. Nessa fase a nossa descrença é quase absoluta. No entanto, não sabemos muito bem como, mas nessa altura aparecem os profetas e as curas milagrosas de todos os tipos, além das medicinas alternativas. Se existir dinheiro, importa referir este assunto, quando não há dinheiro, não há solução nenhuma ou se existe não parece existir para nós. Não se trata de negar a validade de algumas medicinas alternativas ou práticas que nos podem fazer sentir melhor. Existem algumas práticas que nos fazem sentir melhor porque incutem dentro de nós alguma tranquilidade e paz. Posso referir como extremamente importantes, as práticas de relaxamento e meditação. Além disso, essas práticas vão obrigar-nos a sair de casa e a integrar grupos de pessoas, algumas com problemas idênticos. Obrigam-nos a lembrar-nos que, fora da nossa casa, do nosso isolamento e da escuridão em que vivemos, ainda existe vida, o sol brilha e o céu ainda é azul. Nas ruas da cidade, ainda há pessoas apaixonadas que passeiam de mãos dadas e se beijam e abraçam, os pássaros ainda cantam e a vida ainda pode ser um lugar habitável. Tal como na magia, temos que resistir à explicação do truque e acreditar nem que seja por instantes, na sensação de milagre. Não importa se é sugestão ou efeito placebo, precisamos de acreditar que ainda é possível vislumbrar uma luz no horizonte, acreditar que o conto de fadas pode acontecer.

Mesmo num cenário muito favorável, temos que ter consciência que tudo demora o seu tempo e que estamos a começar tudo de novo e, para isto acontecer e podermos renascer, haverá sempre o dia 1. É melhor ponderar a continuidade do tratamento e avaliar se o podemos fazer com a dose mínima e nunca com a dose máxima. Uns meses depois, já temos uma rede de suporte emocional maior, as nossas rotinas já se parecem com alguma coisa que um dia chamámos de vida, vamos devagar para chegarmos depressa a um momento em que nos sentiremos melhor e, no novo cenário, teremos algumas escolhas, entre as quais, avaliar com o médico o desmame da medicação. Não devemos nunca abandonar a medicação de forma abrupta, além da recidiva da doença, os efeitos secundários da paragem repentina podem ser muito graves.

Quando tudo resulta e conseguimos uma rede de suporte emocional, onde a componente da amizade, família e uma relação amorosa, a existir, pode fazer a diferença entre a vida e a morte.

A depressão tem muitas cambiantes e características, sejam as mais leves ou as mais graves, não existem duas pessoas iguais, consequentemente, também não podem existir dois estados depressivos idênticos. Há transtornos de personalidade e de humor que determinaram a forma como a depressão se revela e evoluiu. No final deste livro indico bibliografia constante de livros, sites e vídeos onde poderão ser analisados e conhecidas as características dos transtornos de personalidade e de humor mais comuns.

Capítulo VI
Não aguentamos mais…

Tal como referi no início deste livro, existem inúmeras razões que nos conduzem à depressão e, por vezes, nem é possível determinar nenhuma razão. Atualmente, há uma prevalência muito divulgada que afeta os jovens, no entanto, também nos adultos menos jovens já inseridos no mercado de trabalho, a situação também é grave e, num grupo de pessoas sempre esquecidas, a situação deve ser dramática: estou a falar dos idosos que vivem sós e naqueles que vivem uma solidão por vezes ainda mais profunda e anónima: os que estão "abandonados" à sua sorte, aguardando a morte em "lares" ou hospícios. Ao contrário dos outros grupos, jovens e adultos que utilizam as redes sociais para dar o seu "grito", os idosos não têm voz e as estatísticas ignoram-nos em absoluto.

Quando o sofrimentos se instala, a tristeza, angústia e o estado de depressão se tornam o núcleo das nossas vidas, acabamos por nos ostracizar, porque a maioria das pessoas e o sistema de capitalismo selvagem em que nos inserimos não se compadece com depressivos. Neste sistema, a solidariedade é um mito e um ser humano tem que ser um ativo que gere lucro na empresa, que pague impostos ao estado e nunca um peso social e económico. Na verdade, a envolvente, dificulta a nossa existência e atira-nos para um isolamento que começa por ser involuntário, para mais tarde não nos dar alternativa. As pessoas com depressão são segregadas e descriminadas a todos os níveis, sendo-o especialmente a nível social e profissional.

Isolados, sem amigos e sem um amor, sem família ou sem o seu apoio, muitas vezes, sem um emprego ou fonte de rendimento, a nossa vida torna-se impossível. O nosso sofrimento psicológico é imensurável, a nossa mente não aguenta e, entretanto, tudo já se refletiu no nosso corpo. Estamos gravemente doentes e, quando medicados, apesar disso, as melhoras tardam ou não surgem nunca.

Os nossos dias e noites são estranhos, tudo é assustador, sentimos que não aguentamos mais, a confusão mental ou a lucidez, porque a lucidez pode ser um facto. Falo em lucidez, quando a nossa situação é mesmo dramática e temos a absoluta consciência disso. Não estamos doentes, não temos a nossa capacidade de discernimento afetada. Digamos que não se pode falar de pessimismo nem de otimismo, mas de realismo. A nossa situação é mesmo a pior e não aguentamos mais...

Capítulo VII
Ansiedade, stress e ataques de pânico

Poderia ter começado por falar de ansiedade, stress e pelos ataques de pânico, até porque, normalmente, estes estados aparecem associados ou acabam por integrar o quadro depressivo, mais cedo ou mais tarde.

A ansiedade é um estado normal, dentro de determinados limites, tal como o stress. Graças à ansiedade e ao stress, a nossa espécie sobreviveu até hoje, dado o estado de alerta para se defender de predadores e de catástrofes naturais. No entanto, nos dias de hoje, um estado de ansiedade permanente e muito acima do desejável, provoca-nos grande sofrimento e incapacita-nos de viver. A ansiedade, provoca-nos alterações cardiovasculares, digestivas, cognitivas e pode levar-nos a quadros clínicos muito graves. A agitação e o stress do nosso dia a dia, a competitividade, o consumismo e o descartar das relações, contribuem para que a ansiedade se transforme em algo muito mais assustador. Geradora de inúmeros temores e fobias, a ansiedade instala-se e integra o quadro da depressão.

Ataques de pânico são situações em que nos sentimos muito mal, aparecem do nada, sentimo-nos com falta de ar, o coração acelera, a pressão arterial sobre, ficamos paralisados e temos a sensação de morte iminente. Algumas pessoas chegam mesmo a desmaiar. Durante um dia, esta situação pode ocorrer várias vezes e em circunstâncias em que não poderia. Pode acontecer no trabalho, enquanto conduzimos ou noutra circunstância qualquer. Estes ataques tornam-se recorrentes e a nossa vida sofre alterações que nos impedem de ter uma vida normal. Há técnicas e medicação que resolvem a situação, mas, nestes domínios da mente, tudo demora muito e é de eficácia reduzida, teremos sempre que ser nós a dar uma ajuda decisiva. No final do livro, indico vários vídeos e links donde constam muitas das técnicas e sugestões.

Capítulo VIII
Pensamentos suicidas

Chegámos ao limite do limite e o sofrimento tornou-se insuportável. Naturalmente, na impossibilidade de sermos felizes, primeiro começamos por pensar que a nossa vida perdeu o sentido e imaginamos que a morte pode ser um alívio, a libertação de todo o sofrimento. Ao princípio era só uma ideia vaga e mal definida, mas, passados uns dias e uns meses, esta ideia passou a ser algo muito mais concreto, começámos a planifica-la e a concebê-la como um projeto.

Acabamos de abrir uma nova frente, começamos a agir e a sentir que temos que dar os primeiros passos nessa direção. Pensamos em métodos e qual será a forma que nos causará menos sofrimento. Abastecemo-nos do material que julgamos necessário e colocamos um momento no tempo, às vezes uma data que tem um significado especial para nós, para executar o plano.

Numa segunda fase que considero mais grave, o pensamento deixa de ter uma componente racional e torna-se emocional. Deixamos de pensar e passamos a sentir. Nunca vi esta teoria em nenhum lugar, mas vou ousar denomina-la de suicídio intuitivo. Pode acontecer em qualquer momento nunca projetado e a oportunidade ou condições para tal, podem, sem pensamento prévio ou aviso, levar-nos à execução do ato irreversível. Não vou exemplificar, porque tal seria contribuir para alertar nas pessoas algumas possibilidades. Nesta fase, devemos afastar-nos de lugares e objetos que facilitem tais atos, devemos dar-nos mais uma chance. Apesar da frieza e distanciamento com que sentimos que nos tratam e da solidão que sentimos, há sempre alguém que gosta de nós ou há sempre alguém que precisa de nós, mesmo que sejam desconhecidos, podemos pensar em ações de voluntariado para ajudar tanta gente que precisa de um ombro amigo. Além disso, o facto de termos nascido não foi um acontecimento qualquer. A vida é uma dádiva de uma dimensão cósmica irrepetível, provavelmente, alguém te desejou e amou. O teu nascimento foi um acontecimento familiar e cósmico. A tua morte será um ato irreversível, não haverá retorno… esgotas todas as possibilidades, a tua morte é um ato eterno. Se pensares ou conseguires pensar, imagina que um segundo depois de morreres poderias pensar…? Poderias estar arrependido(a), mas agora não havia nada a fazer. ACABOU.

Por favor, quando sentires que não consegues suportar o teu drama, pede ajuda, alguém te pode ajudar…por favor, não transformes o teu drama na tua tragédia.

A seguir, no final do livro, indico associações, instituições e sites onde existe apoio para a depressão e suicídio.

Capítulo IX
O voluntariado

Sei ou imagino que podemos estar numa situação muito grave em que nos sentimos muito doentes, qualquer gesto ou tarefa parece impossível, podemos não ter dinheiro para comer e, neste quadro, tomar decisões e tornar-se voluntário de alguma organização pode parecer uma tarefa impossível.

Vamos pensar juntos; talvez seja possível começar alguma atividade a partir de casa, do nosso computador, através de plataformas digitais, redes sociais, etc. Talvez, possamos começar por criar um blogue onde damos o nosso testemunho, integrar um grupo no Facebook de apoio à depressão e ao suicídio, participarmos em associações de defesa dos direitos humanos, lutarmos contra a opressão e a exploração humana, abraçarmos uma causa e fazer a diferença. A seguir vou dar-lhe ou dar-te o meu testemunho. Desculpa, estou a tratar-te com tanta familiaridade, não te conheço, mas sinto que estou a ir ao teu encontro... Estou a tentar ajudar-te e a ajudar-me. Sim, ainda não o sabes, mas a tua existência é muito importante para mim. Tu ajudas-me!

Vou falar-te das minhas atividades de voluntariado e como elas me ajudaram e acredito que tenham ajudado algumas pessoas.

Desde que me conheço que vivo em depressão profunda, existiram muitas razões para tal, mas, como já o disse anteriormente, falar de mim não ajudaria muito e converteria este livro num diário, no entanto, num capítulo que denominarei de testemunho, darei o meu, desta forma podes conhecer-me melhor e rever-te um pouco em mim. Prometo que o farei. Não quero que este livro seja muito longo, quero que seja lido de um fôlego e para isso, não pode ser denso e aborrecido.

A minha experiência como voluntário, a minha sugestão para tomares uma decisão que vai alterar para sempre o teu mundo e de muitas pessoas.

Direitos humanos – tens consciência que no mundo em que vives, todos os dias, todos os segundos, para ser mais preciso, se violam os direitos humanos essenciais, entre eles, o direito à vida. Vais perguntar-me, mas o que tens tu a ver com isto? Tem calma, vais ver que tens…Não quero influenciar as tuas escolhas nem a forma como pensas, mas posso dar-te algumas dicas. Neste momento, não sei qual a tua ideologia política, se tens uma religião ou não, se tens uma vida estável, se és pobre ou rico(a). Não importa, és uma Pessoa, isso basta para que possa indicar alguns caminhos que considero válidos. Vamos imaginar que integras um movimento no teu país, cujo objetivo seja combater a pobreza e a fome, ou que consista no apoio a pessoas com cancro, ou no apoio a idosos, ou te integres num grupo de apoio às pessoas toxicodependentes ou vítimas do alcoolismo ou contra a violência doméstica. Ou, porque ainda existe muito analfabetismo, podes ajudar as pessoas a aprender a ler.

Defesa da terra: Podes integrar organizações ambientais e zelares pelo ambiente, podes denunciar crimes ambientais, podes fazer parte de um projeto de plantação de árvores ou apadrinhar a proteção de espécies em vias de extinção, tais como o lobo ou o lince, por exemplo.

Defesa dos animais: Podes integrar e promover uma associação contra os maus tratos de animais e contra o abandono.

Movimentos globais: Podes integrar os movimentos da ONU, podes lutar contra a guerra, podes assinar e divulgar petições, podes salvar muitas vidas. Acredita, a teoria de que quando uma borboleta bate as asas no oriente distante, tal Acão tem um efeito algures. Todas as ações têm o seu efeito e muitas decidem tudo ou quase tudo.

O voluntariado na área da problemática que estamos a viver. Fazer parte de uma associação de ajuda a pessoas que sofrem de depressão e apoiá-las e, dentro do possível, prevenir o suicídio. Não vou falar mais sobre isto, no meu testemunho falarei de como me tornei voluntário de uma Associação de apoio à depressão e prevenção do suicídio. E, tal como nos capítulos anteriores, deixarei links e contactos.

Capítulo X
Testemunho

Como já dei umas luzes anteriormente, a minha vida já longa, foi plena de acontecimentos traumáticos e dramáticos. Muitas formas de perdas, doenças muito graves das Pessoas amadas e um percurso profissional que detestei. Fui um homem com sorte, porque tive uns pais que me amaram muito e ainda tenho o meu Pai. Tive uns tios que tiveram o papel de avós extraordinários e tive a uma companheira que foi tudo na minha vida e que foi o meu Amor durante mais de 30 anos, cuja partida, depois de uma doença muito grave, aconteceu há 8 anos. Deu-me um filho do qual me orgulho pela sua honestidade e bondade e ele deu-me um neto que ainda é pequenino. O meu testemunho vai referir-se apenas ao que vivi nestes últimos 8 anos. Como me vais compreender, não posso regressar a esse lugar de morte e sofrimento, pelo que vou ser breve e centrar o meu testemunho no voluntariado.

Quando ela partiu, o meu sofrimento foi indescritível, fiquei durante uns dois anos a viver com o meu filho e o meu velho cão e uma cachorrinha que adotei, além dos meus amigos gatos, dois gatos e uma gata. Foram momentos de uma dor que nem a alma nem o coração conseguem suportar ou descrever. Desse tempo, talvez mencione apenas uma amiga que estava distante e um amigo mais presente que me ajudaram. A minha amiga, apesar de muito jovem, morreu sem que desse tempo de me preparar e tudo ficou ainda pior, com um vazio maior. A ansiedade e os ataques de pânico eram frequentes durante o dia, o desgosto era maior que a vida e o suicídio era uma ideia que começou a instalar-se de forma clara e permanente na minha mente. Pouco tempo depois, cerca de 2 anos, o meu filho foi viver para outro lugar, o meu velho cão e a cachorrinha morreram, alguém matou os meus gatos e a minha vida deixou de ter qualquer horizonte, vivia dentro da morte. Por vezes ainda conseguia escrever e tentar uma vida no mundo digital. Além de todo este quadro, fiquei desempregado e sem recursos financeiros, apesar das responsabilidades que havia por cumprir. Os meus pais eram o meu suporte e, em especial a minha Mãe, era o meu anjo. Claro que o meu Pai também, mas a minha Mãe era a minha Mãe... pensar nos meus pais e no meu filho, era a razão para não desistir, mas algumas vezes, o que denomino por suicídio intuitivo, tomou conta da minha vida e dei por mim num caminho sem retorno.

Tentei obter ajuda num psiquiatra e numa psicóloga e, depois de algumas tentativas frustradas, fui medicado por um psiquiatra, tendo feito um tratamento durante 3 anos e tive o apoio psicológico da minha psicóloga que ainda hoje me ajuda e a quem devo a minha vida. Muito mais do que uma psicóloga, ela sempre me acolheu e me tratou com muito respeito e carinho.

Nesta fase e um pouco mais para diante, as relações com potencial amoroso, revelaram-se um desastre e são um assunto a esquecer... Mas, como costumo dizer, tudo poderia ter sido ainda muito pior... adiante, vamos falar de como me tornei voluntário de uma associação brasileira chamada CVV, Centro de Valorização da vida. www.cvv.org.br

Apesar do apoio psicológico da minha psicóloga, a solidão era profunda e, quando a noite tombava todos os fantasmas ganhavam vida, os sons e as vozes, o sofrimento e o choro ficavam comigo...as madrugadas eram lugares impossíveis...

Em Portugal existe apenas uma associação de apoio emocional, http://www.sosvozamiga.org/com poucas linhas telefónicas e com horários reduzidos, tais como, das 16 às 24 horas. Conseguir ligação é uma lotaria e no momento que mais necessitava não existia ninguém. Nessa altura procuro na net e descubro uma associação de apoio no Brasil que funcionava 24 horas por dia e tinha apoio via Skype. Comecei a ligar e os voluntários ajudaram-me e passaram a fazer parte da minha vida.

Uma noite, fui atendido por uma voluntária, que me informou que, ia decorrer um curso de voluntários que funcionaria online e no qual poderia inscrever-me. O curso seria composto de várias partes, teoria, prática e simulações, no final, se fosse aprovado, poderia passar a atender as pessoas na minha casa, via Skype.

Tudo correu como previsto, fui aprovado e passei a fazer os atendimentos durante a madrugada. Conheci muitos formadores e muitas pessoas que ligavam, com quem estabeleci laços de amizade e solidariedade. Acredito que, do mesmo modo que me ajudavam, talvez tenha ajudado algumas pessoas. Na verdade, dei o meu melhor, se não consegui uma ou outra vez, será algo que me deixou muito angustiado, por vezes até me senti culpado, senti que poderia ter feito melhor. Há cerca de dois anos e poucos meses, que abandonei este trabalho, que coincidiu também com o facto da associação ter cometido o erro monumental de acabar com a comunicação via Skype, privando as pessoas que vivem fora do Brasil de ter acesso ao apoio psicológico. Algo que considero imperdoável, cuja decisão, dado que não revestia qualquer custo adicional, foi tomada por alguém sem a sensibilidade para fazer parte de uma organização desta natureza. Como é óbvio, o CVV é uma associação com um papel decisivo e inestimável no Brasil, contando com um suporte de apoio muito diversificado e com milhares de voluntários.

Capítulo XI
A O.M.S e o suicídio

Dados e números

- Cerca de 800.000 pessoas cometem suicídio a cada ano.

- Para todo suicídio, há muito mais tentativas de suicídio a cada ano. Entre a população em geral, uma tentativa frustrada de suicídio é o fator de risco mais importante.

- O suicídio é a terceira principal causa de morte de jovens entre 15 e 19 anos.

- 79% de todos os suicídios ocorrem em países de baixa e média renda.

- A ingestão de pesticidas, enforcamentos e armas de fogo são alguns dos métodos mais comuns de suicídio em todo o mundo.

Introdução

Anualmente, cerca de 800.000 pessoas se matam e muitas outras tentam fazê-lo. Cada suicídio é uma tragédia que afeta famílias, comunidades e países e tem efeitos duradouros para aqueles próximos ao suicídio. O suicídio pode ocorrer em qualquer idade e, em 2016, foi a segunda principal causa de morte na faixa etária de 15 a 29 anos em todo o mundo.

O suicídio não ocorre apenas em países de alta renda, é um fenômeno global que afeta todas as regiões do mundo. De fato, em 2016, mais de 79% dos suicídios em todo o mundo ocorreram em países de baixa e média renda.

O suicídio é um grave problema de saúde pública; no entanto, é evitável através de intervenções oportunas, confiáveis e frequentemente de baixo custo. Para que as respostas nacionais sejam eficazes, é necessária uma estratégia multissetorial e abrangente de prevenção ao suicídio.

Quem está em perigo?

Embora a ligação entre suicídio e transtornos mentais (particularmente transtornos relacionados à depressão e uso de álcool) esteja bem documentada em países de alta renda, muitos suicídios ocorrem impulsivamente em tempos de crise que prejudicam a capacidade de lidar com o estresse da vida, como problemas financeiros, quebra de relacionamento ou dor e doença crônica.

Além disso, experiências relacionadas a conflitos, desastres, violência, abuso, perda e uma sensação de isolamento estão intimamente ligadas ao comportamento suicida. As taxas de suicídio também são altas entre grupos vulneráveis sujeitos a discriminação, por exemplo, refugiados e migrantes; comunidades indígenas; pessoas lésbicas, gays, bissexuais,

transgéneros, intersexuais; e os presos. De longe, o principal
fator de risco para suicídio é uma tentativa anterior de suicídio.

Métodos de suicídio

Estima-se que cerca de 20% de todos os suicídios sejam auto-
-envenenados com pesticidas, e a maioria deles ocorre em
áreas agrícolas rurais de países de baixa e média renda. Outros métodos comuns de suicídio são enforcamentos e armas
de fogo.

O conhecimento dos métodos mais comuns de suicídio é importante no desenvolvimento de estratégias de prevenção ba-
seadas em medidas comprovadas, incluindo a restrição do
acesso aos meios de suicídio.

Prevenção e controle

Suicídios são evitáveis. Existem algumas medidas que podem ser tomadas entre a população, grupos populacionais e
indivíduos para prevenir o suicídio e tentativas de cometê-
lo. Essas medidas incluem:

- restrição de acesso aos meios de suicídio (por exemplo, pesticidas, armas de fogo e certos medicamentos);
- informações responsáveis dos media;

- intervenções escolares;
- introdução de políticas destinadas a reduzir o consumo nocivo de álcool;
- identificação precoce, tratamento e atendimento de pessoas com problemas de saúde mental e abuso de substâncias, dor crônica e distúrbio emocional agudo;
- treinamento de pessoal de saúde não especializado na avaliação e gestão do comportamento suicida;
- monitoramento dos cuidados prestados às pessoas que tentaram suicídio e prestação de apoio comunitário.

O suicídio é um problema complexo e, consequentemente, as atividades de prevenção exigem a coordenação e colaboração de múltiplos setores da sociedade, incluindo saúde, educação, trabalho, agricultura, comércio, justiça, direito, defesa, política e media. Essas atividades devem ser abrangentes e integradas, pois nenhuma abordagem individual separada pode afetar uma questão tão complexa como o suicídio.

Desafios e obstáculos

Estigma e tabu

O estigma, particularmente em torno de transtornos mentais e suicídio, desencoraja muitas pessoas que planejam se matar ou tentaram fazê-lo e, portanto, não recebem a ajuda de que precisam, procurando ajuda. A prevenção do suicídio não foi abordada adequadamente devido à falta de conscientização do suicídio como o principal problema de saúde pública e o tabu que existe em muitas sociedades para examiná-lo abertamente. Atualmente, alguns países incluíram a prevenção do suicídio entre suas prioridades de saúde e apenas 38 países relataram ter uma estratégia nacional de prevenção do suicídio.

É importante aumentar a conscientização da comunidade e quebrar o tabu para os países progredirem na prevenção do suicídio.

Qualidade dos dados

A disponibilidade e a qualidade dos dados sobre suicídio e tentativas de suicídio são insuficientes em todo o mundo. Apenas 80 Estados-Membros possuem dados de registro civil de boa qualidade que podem ser usados diretamente para estimar as taxas de suicídio. A qualidade insuficiente dos dados de mortalidade não é um problema exclusivo do suicídio, mas, dada a sensibilidade desse fenômeno e a ilegalidade do comportamento suicida em alguns países, a subnotificação e a classificação incorreta de casos provavelmente será um problema mais significativo. em relação ao suicídio do que outras causas de morte.

Estratégias eficazes de prevenção ao suicídio requerem vigilância e monitoramento mais fortes dos suicídios e tentativas de suicídio. As diferenças transnacionais nos padrões de suicídio e as mudanças nas taxas, características e métodos de suicídio destacam a necessidade de cada país melhorar a integridade, qualidade e pontualidade de seus dados sobre suicídio. Isso inclui o registro civil de suicídios, registros hospitalares de tentativas de suicídio e estudos nacionalmente representativos que coletam informações sobre tentativas de suicídio auto-referidas.

Resposta da OMS

A OMS reconhece que o suicídio é uma prioridade da saúde pública. O primeiro relatório global de suicídio da OMS, "Prevenção ao Suicídio: Um Imperativo Global", publicado em 2014, busca conscientizar o público sobre a importância das tentativas de suicídio e suicídio e tornar a prevenção mais eficaz. alta prioridade do suicídio na agenda global de saúde pública. Também busca incentivar e apoiar os países a desenvolver ou fortalecer estratégias abrangentes de prevenção ao suicídio, no âmbito de uma abordagem multissetorial da saúde pública.

O suicídio é uma das condições prioritárias do Programa de Ação para preencher a lacuna de saúde mental estabelecida pela **OMS** em 2008, que fornece orientação técnica baseada em evidências para expandir a prestação de serviços e cuidar de problemas de saúde mental, abuso neurológico e de substâncias. No Plano de Ação para a Saúde Mental 2013-2020, os Estados Membros da **OMS** se comprometeram a trabalhar em direção ao objetivo global de reduzir as taxas nacionais de suicídio em 10% até 2020.

Além disso, a taxa de mortalidade por suicídio é um indicador da meta 3.4 dos Objetivos de Desenvolvimento Sustentável: "Até 2030, reduza a mortalidade prematura por doenças não transmissíveis em um terço, prevenindo e tratando-a e promovendo a saúde mental. e bem-estar ".

(Texto retirado do site da O.M.S, cujo link passo a indicar)

https://www.who.int/es/news-room/fact-sheets/detail/suicide#

Capítulo XII
Depressão em plena pandemia

A pandemia do covid-19, provoca grande ansiedade na generalidade dos humanos e particularmente naqueles que vivem com maior proximidade a ameaça ou procuram muita informação várias vezes ao dia, vêm todos os serviços noticiosos, sites online mostrando a evolução da pandemia, imagens de sofrimento e morte. Este tipo de ansiedade torna-se patológica e assume características muito graves. A ansiedade é provocada por uma ameaça potencial, desconhecida e completamente nova, pelo que o círculo da ansiedade demora muito mais tempo a fechar-se. A ansiedade pode tornar-se permanente na vida da pessoa e despoletar transtornos mentais que podem culminar com o suicídio.

Devido à pandemia, existem múltiplos fatores que favorecem a depressão e o desespero, nomeadamente, o isolamento forçado e o medo de ser contaminado no exterior, além das inúmeras situações, cujos tópicos passo a enunciar, não descrevendo cada um deles, dada a sua complexidade, não será possível fazer aqui uma abordagem minimamente razoável. Fatores negativos a ter em conta:

- Redução de rendimentos do trabalho, por redução ou paragem das empresas.
- Lay-off, situação de ameaça real de desemprego com redução de rendimentos.
- Desemprego, provocado pelo encerramento definitivo e falência das empresas ou redução de pessoal.
- Inexistência absoluta de rendimentos e de subsídios.
- Aumento da pobreza e situações de muita carência e fome.

- Aumento da violência doméstica, pelo convívio forçado com o agressor.
- A solidão de muitas pessoas assumiu uma dimensão sem paralelo, o suicídio aumentou.
- Número de violações de natureza incestuosa, aumentou.
- Prática de novas formas de prostituição virtual e aumento do consumo de pornografia.
- A violência dos pais sobre as crianças também aumentou.
- O isolamento e o fecho de fronteiras, separou muitas pessoas, provocando grande sofrimento. Casais, namorados, amigos, familiares, ficaram impedidos de se reencontrar.

Capítulo XIII
Transtornos mentais e alimentares

Na verdade, pensei que não deveria fazer uma abordagem, ainda que sucinta acerca dos transtornos mentais, no entanto, este livro ficaria muito incompleto. Importa referir que este livro tem como base a minha experiência e os conhecimentos que tenho obtido como autodidata.

Os Transtornos mentais são disfunções no funcionamento do cérebro, nomeadamente do sistema nervoso central, as quais podem afetar qualquer pessoa, não importando a idade, situação económica e financeira, ou qualquer outra circunstância. O requisito único é a condição de humano.

Os múltiplos tipos de transtornos mentais, que são classificados em tipos, sendo que os mais comuns se relacionam com a ansiedade, depressão, alimentação, personalidade ou movimentos. Vou enumerar, de forma sintética e breve, alguns deles.

Os transtornos de ansiedade são muito comuns, presentes em cerca de 1 a cada 4 pessoas que consultam o médico. Eles são caracterizados por uma sensação de desconforto, tensão, medo, sintomas de aumento de ritmo cardíaco, aumento da tensão arterial, falta de ar, sensação de iminência de morte, podem ter uma razão pela antecipação de um acontecimento havido como um perigo ou algo desconhecido.

A ansiedade generalizada, a síndrome do pânico e as fobias, afetam a vida social e emocional da pessoa, apesar de ser uma situação muito difícil, não sendo correto dar a ideia que a solução é fácil e imediata, porque não é. Todavia, existem práticas e ajudas que permitem reduzir a frequência e, por fim, seja com ajuda química ou não, terminar com as crises e ter uma vida normal.

A psicoterapia com um psicólogo, além de acompanhamento psiquiátrico, podendo ser necessário o uso de medicação para aliviar os sintomas. Normalmente, são utilizados antidepressivos e ansiolíticos. O exercício físico moderado, dando como exemplo a caminhada, o relaxamento, a prática de yoga e o contacto com a natureza, podem ajudar bastante.

2. Depressão

Cerca de 15% das pessoas apresentam depressão em algum momento da vida. A depressão é definida como o estado de humor deprimido que persiste por mais de 2 semanas, com tristeza e perda do interesse ou do prazer nas atividades, podendo ser acompanhada de sinais e sintomas como irritabilidade, insônia ou excesso de sono, apatia, emagrecimento ou ganho de peso, falta de energia ou dificuldade para se concentrar, por exemplo. No entanto, existem muitas outras características que dependem da personalidade de cada um. Não existem duas pessoas com depressão, moderada ou grave que tenham os mesmos sintomas. Falámos da Depressão nos capítulos anteriores. Usam-se alguns medicamentos, tais como Sertralina, Amitriptilina ou Venlafaxina, entre outros.

3. Esquizofrenia

A esquizofrenia é o principal transtorno psicótico, caracterizado como uma síndrome que provoca distúrbios da linguagem, pensamento, perceção, atividade social, afeto e vontade. É mais comum em jovens, no final da adolescência, apesar de poder surgir ao longo de outras idades e, alguns dos sinais e sintomas mais comuns, são alucinações, alterações do comportamento, delírios, pensamento desorganizado, alterações do movimento ou afeto superficial, por exemplo. Estes sintomas são os constantes dos dossiers psiquiátricos, mas podem existir outros ou muitas variantes destes.

Tratando-se de uma doença muito grave e bem estudada, hoje ainda não se sabe bem a causa da doença, sabe-se que está relacionada a alterações genéticas que provocam defeitos no sistema do funcionamento dos neurotransmissores do cérebro, e que pode ser hereditária. Necessita de acompanhamento psiquiátrico, que indicará o uso de medicamentos antipsicóticos, como Risperidona, Quetiapina, Clozapina e Olanzapina, por exemplo. É necessário construir um suporte de apoio ao paciente, que passa pela família, clínico geral, apoio psicológico, terapia ocupacional e uma boa nutrição, de forma a obter êxito no tratamento.

4. Transtornos alimentares

A Anorexia nervosa é caracterizada pela perda de peso intencional provocada pela recusa à alimentação, distorção da própria imagem e medo de engordar. Já a Bulimia consiste em comer grandes quantidades de comida e, em seguida, tentar eliminar as calorias de formas prejudiciais, como pela indução do vômito, uso de laxantes, exercícios físicos intensos ou jejum prolongado.

Os distúrbios alimentares são mais comuns em jovens, e têm sido cada vez mais frequentes pela cultura de valorização estética. Os anúncios de televisão e o desfile de modelos esqueléticas, levam as jovens a querer imitar tais imagens e a tê-las como sinónimo de beleza. Apesar da Anorexia e Bulimia serem os transtornos alimentares mais conhecidos, outros problemas relacionados à alimentação incluem a Ortorexia, que é a preocupação excessiva por comer alimentos saudáveis, a Vigorexia, que é a obsessão pelo corpo musculoso, ou a compulsão alimentar, por exemplo. Não existe um tratamento simples para curar os transtornos alimentares, sendo necessário o tratamento psiquiátrico, psicológico e nutricional, e os medicamentos costumam ser indicados somente em casos de doenças associadas, como ansiedade ou depressão. A integração em grupos, o apoio de profissionais de saúde, podem ajudar a resolver este problema grave.

Haveria muitos mais transtornos de personalidade e transtornos de humor a ser tratados, mas, remeto-vos para os livros, sites e vídeos de psicólogos e psiquiatras que os descrevem de forma detalhada.

Capítulo XIV
Ajudar a prevenir o suicídio, esteja atento(a)

No último capítulo colocarei os links de sites, vídeos e e-books que possam ser úteis em casos de emergência, além dos links de instituições ligadas diretamente ao apoio emocional e prevenção do suicídio, darei o destaque a associações de grande utilidade noutros domínios.

Sobre os sinais que nos devem alertar para o risco de suicídio de uma pessoa, poderia escrever muito sobre o assunto, no entanto, consultei o site do CVV, Centro de valorização da vida, instituição brasileira, fundada em 1962 que, conta com mais de 3000 voluntários e faz atendimento presencial, telefónico, via chat e através de email, sublinhe-se que o atendimento telefónico funciona 24 horas por dia. Esta organização não tem paralelo com qualquer outra associação existente no mundo. Dado que foi publicado um artigo da autoria de Adriana Rizzo, voluntária do CVV., cujo conteúdo é o melhor que encontrei na internet, vou publicá-lo na integra, indicado o link do mesmo, de forma a salvaguardar os direitos de autor.

Importa também referir que este livro será distribuído gratuitamente na versão digital, sendo pago, devido ao custo de impressão, apenas a versão em papel.

"Na maioria das vezes, a gente não está muito atenta ao que está acontecendo ao nosso redor. Mas, todo mundo tem a capacidade de observar", diz Adriana Rizzo, voluntária do CVV (Centro de Valorização da Vida), que oferece apoio emocional e prevenção do suicídio.

No caso, observar sinais de pessoas que possam estar pensando em tirar a própria vida. De acordo com a Organização Mundial de Saúde (OMS), quase 800 mil pessoas morrem por suicídio todos os anos, e essa é a segunda maior causa de morte entre jovens de 15 a 29 anos, atrás apenas de acidentes de trânsito.

Os sintomas nem sempre são visíveis, muitas vezes são silenciosos, mas há alguns sinais para os quais podemos prestar atenção.

No Dia Mundial de Prevenção ao Suicídio e neste setembro Amarelo - campanha brasileira de prevenção do suicídio -, listamos os sinais que podem indicar se alguém está cogitando suicídio.

Segundo Rizzo, "são um conjunto de coisas", e é preciso observar os sintomas associados a outros sinais. Karen Scavacini, psicóloga e fundadora do instituto Vita Alere de Prevenção e Posvenção do Suicídio, lista alguns:

Sintomas Verbais

- Quando a pessoa diz "quero me matar, quero morrer, vou cometer suicídio". "Muita gente não dá atenção para isso porque acha que a pessoa não está falando a verdade, que quem fala não faz", diz Rizzo;

- Quando diz "estou muito cansada, não quero continuar". "É algo que, isoladamente, não recebe muita atenção das pessoas. Mas junto com outros sintomas, tem de ser visto com um olhar mais diferenciado", explica a psicóloga.

Sinais Comportamentais

- Isolamento: se a pessoa deixa de ir à escola ou falta ao trabalho com regularidade, por exemplo;

- Desinteresse: de repente, a pessoa deixa de fazer as atividades de que gosta;

- Alimentação: a pessoa come mais ou come menos que o usual;

- Mudança no sono: se tem insônia ou dorme demais;

- Agressividade: no caso de jovens, às vezes a depressão se confunde com agressividade.

No geral, de acordo com Scavacini, "sintomas de depressão associados a sinais verbais pode mostrar que pessoa está em risco".

"Mas tudo depende de muita coisa. Às vezes a pessoa está com risco baixo de suicídio e tem um desencadeante forte, como ser mandada embora do emprego, perder alguém importante. Pode ser a gota d'água. Esses períodos de estresse demandam maior atenção", afirma.

O CVV oferece apoio emocional e prevenção do suicídio durante 24 horas por meio de chats online, ligações ou mesmo e-mail. Não é necessário se identificar e a pessoa pode ligar quantas vezes quiser.

Em seu trabalho, diz Rizzo, voluntários se dispõem a atendimentos durante 4 horas por semana, ficando à disposição para atendimentos virtuais ou por telefone.

"As pessoas falam de assuntos diversos, de algo que aconteceu em seu dia, o que lhe deixou bem, o que lhe deixou mal, o pensamento de morrer", conta. "A maioria fala que se sente sozinha. Damos espaço e oportunidade para falarem."

"Uma grande coisa que a gente pode fazer é estar mais atento às pessoas ao nosso redor", diz Rizzo. "Ter esse olhar, essa perceção de que alguém não está bem, se aproximar, perguntar como ela está e realmente ouvir."

Nas redes sociais

Também é preciso ficar atento aos sinais nas redes sociais.

Para Scavacini, é preciso monitorar as "mudanças na forma de uso" das redes. "Quando a pessoa começar a usar mais as redes, ficando mais isolada", por exemplo, ou quando ela começa a "seguir páginas com conteúdo que tenham mais relação com depressão ou questões ligadas à morte" - esses são possíveis sintomas de depressão ou tendência de suicídio.

"Muita gente vai fazer essa comunicação nas redes. O difícil é conseguir entender até que ponto é um pedido de ajuda ou uma comunicação de que vai fazer alguma coisa naquele momento."

As pessoas se expressam de maneira diferente em redes diferentes - com menos sinceridade em posts do Facebook, por exemplo, e mais abertura em comentários de vídeos no YouTube, que não aparecem para as redes de contato -, e plataformas também têm tomado medidas para monitorar o conteúdo.

Usuários que identificarem conteúdo impróprio, como vídeos ou mensagens incitando o suicídio ou mensagens de pessoas que pareçam inclinadas a tentar isso, também podem agir, usando canais de denúncias das plataformas (no Facebook, clicando nos três pontinhos no canto superior direito da publicação; no YouTube, nos três pontinhos localizados no canto inferior direito de cada vídeo; no Twitter, na lateral direita superior do tuite; no Instagram, nos três pontinhos do lado superior direito).

O Facebook, por exemplo, envia uma mensagem dizendo "Um de seus amigos está preocupado com você", oferecendo opções de ajuda ao usuário.

Identifiquei os sinais. E agora, o que faço?

Se você desconfiar que alguém próximo está pensando em suicídio, não fique parado, tome uma atitude.

A primeira atitude pode ser começar uma conversa com a pessoa. Aborde com uma "postura acolhedora", diz Scavacini.

É preciso "segurar o julgamento" e começar uma conversa dizendo, por exemplo: "Estou preocupado com você, percebi que você está assim [diga como]. Está acontecendo alguma coisa? Estou aqui para te ajudar" ou então: "Como você está se sentindo hoje?"

Escute. Depois que perguntar como ela está, o importante é deixar a pessoa falar. "Muitas vezes, a pessoa colocar em palavras o que ela está sentindo pode ser relevante. Ela pode sentir que é importante para alguém, e isso pode lhe dar um bom apoio", afirma a psicóloga.

Escolha um lugar calmo e converse com tempo, dando total atenção à pessoa e ao que ela tem para falar. Ela pode demorar um pouco para se abrir, então seja paciente. Esse link traz mais dicas de como conduzir a conversa.

Na conversa, é importante perguntar se a pessoa está pensando em fazer alguma coisa com ela mesma.

"Se ela disser que sim, você deve tentar conectá-la a um serviço de saúde mental. Pode se oferecer para ir junto, garantindo que ela receba algum tipo de ajuda e checando depois se ela realmente chegou a ir e se conseguiu a ajuda de que precisava. A pessoa com sofrimento emocional intenso precisa ser guiada", afirma Scavacini.

Ela lembra que há vários caminhos: faculdades, clínicas, escolas, CAPS (Centro de Atenção Psicossocial).

Se a pessoa disser que não está pensando em fazer algo, você deve se colocar à disposição para conversar com ela. Dizer: "Estou preocupado, estou aqui para o que você precisar", continuar oferecendo ajuda e, de tempos em tempos, voltar a ter essa conversa. "Já se for um jovem e você for pai ou mãe, você vai tentar conversar mais vezes, marcar uma consulta para o jovem", diz Scavacini.

Se o adulto disser que está pensando em se matar e disser concretamente que tem uma arma em casa ou que já pensou a maneira como vai fazer isso, é recomendável procurar a família e procurar a orientação de profissionais da saúde mental.

Cada caso é diferente de outro e caso os sinais sejam identificados, o importante é agir.

(O texto publicado foi retirado do link a seguir indicado)

https://www.bbc.com/portuguese/geral-49636666

link do CVV. Centro de Valorização da Vida: https://www.cvv.org.br/

Conclusão

Este pequeno livro constitui um testemunho e uma tentativa de alertar as consciências para o drama do sofrimento mental. O livro, em formato de ebook, ficará disponível gratuitamente para download no site da bubok. O mesmo poderá ser livremente partilhado, sendo proibido qualquer uso com intuito lucrativo directo ou indirecto.

Se este livro conseguir ajudar uma Pessoa, escrevê-lo, terá valido a pena.

A todos os que o leram, o meu sincero agradecimento.

Links úteis

https://eportugal.gov.pt/cidadaos/cuidador-informal/contactos-linhas-de-apoio

- Linha Centro de Informação Antivenenos: 800 250 250
- Linha do Serviço de Informação às Vítimas de Violência Doméstica: 800 202 148
- Linha SOS voz amiga. Linha de apoio emocional e prevenção ao suicídio: 800 209 899
- Linha SOS SIDA: 800 201 040
- Sexualidade em Linha: 800 222 003
- Linha SOS Droga: 1414
- Linha SOS – Deixar de fumar: 808 208 888
- Linha Provedoria da Justiça: 808 200 084
- Linha Saúde Pública: 808 211 311
- Linha Cancro: 808 255 255
- Linha Pulmão: 808 259 259
- Liga Contra o Cancro (Sede Nacional): 217 221 810
- Linha do Medicamento: 800 222 444
- Linha Rara: 300 505 700

ASSOCIAÇÕES DE CUIDADORES

- Because I care - Associação para apoiar e cuidar de pessoas que cuidam

- Caregivers Portugal - Associação Portuguesa de Cuidadores
- Cuidadores, melhorar a vida de quem cuida
- Cuidadores Portugal© - Associação Cuidadores de Portugal
- Panóplia de heróis - Associação nacional de cuidadores informais

ASSOCIAÇÕES RECONHECIDAS PELA DIREÇÃO-GERAL DA SAÚDE (DGS)

- LÚPUS - Associação de Doentes com Lúpus
- Associação ABRAÇO - Associação de Apoio a Pessoas com VIH/SIDA
- Associação o Dom Maior- Associação de apoio na área do ensino e reabilitação a crianças e jovens portadores de deficiência
- ADEB - Associação de Apoio aos Doentes Depressivos e Bipolares
- ANPAR - Associação Nacional de Pais e Amigos Rett
- APDI - Associação Portuguesa da Doença Inflamatória do Intestino, Colite Ulcerosa e Doença de Crohn
- APDP - Associação Protetora dos Diabéticos de Portugal

- APPDA- Norte - Associação Portuguesa para as Perturbações do Desenvolvimento e Autismo
- APPDA - Lisboa - Associação Portuguesa para as Perturbações do Desenvolvimento e Autismo
- APPDA - Setúbal - Associação Portuguesa para as Perturbações do Desenvolvimento e Autismo
- GAT Portugal - Grupo de Ativistas em Tratamentos
- Inovar Autismo - Associação de Cidadania e Inclusão
- Liga de Amigos e Voluntariado do Centro Hospitalar Tondela - Viseu
- Liga dos Amigos do Hospital de São Pedro de Vila Real
- Liga Portuguesa Contra a Sida
- PCI - Associação de Paramédicos de Catástrofe Internacional
- SER+ Associação Portuguesa para a Prevenção e Desafio à Sida
- SPEM - Sociedade Portuguesa de Esclerose Múltipla

ASSOCIAÇÕES QUE INTEGRAM O CONSELHO NACIONAL DE SAÚDE OU O GRUPO DE CAPACITAÇÃO E LITERACIA DO CUIDADOR

- ACREDITAR - Associação de Pais e Amigos de Crianças com Cancro

- Alzheimer Portugal - Associação Alzheimer Portugal
- APED - Associação Portuguesa para o Estudo da Dor
- APIR - Associação Portuguesa de Insuficientes Renais
- APSA - Associação Portuguesa do Síndrome de Asperger
- **APSI - Associação da Proteção da Segurança Infantil**
- FamiliarMente - Federação Portuguesa das Associações das Famílias de Pessoas com experiência em doença mental
- Fundação do Gil
- Fundação Portuguesa de Cardiologia
- Fundação Portuguesa do Pulmão
- GAIF - Grupo associativo de investigação em Feridas
- HOPE - Respostas Sociais
- IAC - Instituto de apoio à Criança
- Liga Portuguesa contra o Cancro
- Make A Wish
- Movimento de Utentes de Serviços Públicos
- Plataforma Saúde em Diálogo
- Raríssimas - Associação Nacional de Deficiências Mentais e Raras

- <u>Respira - Associação para Pessoas com DPOC e outras Doenças Respiratórias Crónicas</u>
- <u>Sociedade Portuguesa de Hipertensão</u>

Vídeos temáticos

https://www.youtube.com/watch?v=HSuvGS1-fko

https://www.youtube.com/watch?v=xlBKx2PHgc8

https://www.youtube.com/watch?v=Ci2dR4pyVaA&t=232s

Contacto do autor: baraocampos@gmail.com

Escrito, em 10 de Julho de 2020